EL DESPERTAR ESPIRITUAL

DE UNA "LOCA"...

ENFERMA DEL CORAZÓN

TAYS SANCHEZ

„Impresión y editorial: BoD – Books on Demand
info@bod.com.es - www.bod.com.es
Impreso en Alemania – Printed in Germany"
ISBN: 9788411746908

ÍNDICE:

*<u>AGRADECIMIENTOS:</u>

Quiero agradecer primeramente a la divinidad que hay en mí, por haberme dado este don de poder expresarme con total libertad a través de la expresión escrita, a mi madre biológica pues gracias al vacío de su desamor, y a la herida de abandono, empecé mi búsqueda espiritual, a todas las personas a los que les escribí una carta o un texto alguna vez, y se emocionaron con mis letras, a todas las personas que de un modo u otro me animaron en esta aventura, a los que creyeron en mi mucho antes de que yo misma creyera, a todo el que alguna vez me dijo, "deberías escribir un libro", a mi hija pues desde que ella llego mi percepción de la vida cambió por completo, a los grandes maestros de la vida o "verdugos" esas personas que vienen a enseñarnos grandes lecciones para hacernos despertar, a veces a través del dolor, a las personas "de luz", las personas que vienen a acompañarnos y ayudarnos de alguna manera en nuestro camino, a mis amigas, esa familia que elegimos (ellas saben quiénes son), a la parte de mi familia con la que tengo una buena relación, en especial a mis primos David y Joaqui que me han ayudado y apoyado de forma incondicional, a mi perrita pues nunca conocí amor más puro y desinteresado...

Y, por supuesto, a todos los implicados en la edición y publicación de este libro, aunque principalmente, quiero agradecerte a ti querido lector, pues sin ti esto no sería posible.

Gracias, gracias, gracias de todo corazón...

*<u>PRÓLOGO</u>

Todos buscamos, o decimos querer encontrar la felicidad, pero, de hecho, solo los niños son felices por el simple hecho de SER, pues ellos aún están conectados con su esencia divina, y somos los adultos los que nos encargamos de separarlos de ella, y poco a poco los vamos metiendo en el saco de las preocupaciones, el estrés, la ansiedad, en fin, en el saco de los adultos en búsqueda de una felicidad que ya teníamos y por el camino nos fuimos olvidando de ella...

Si quieres saber cómo Ser feliz por el simple hecho de Ser, observa a tu hijo, tu sobrino o cualquier niño con el que coincidas a lo largo de tu vida, que esté aun en la primera infancia, y comprenderás lo equivocados que hemos estado los adultos, creyendo que somos nosotros los que le enseñamos a ellos, pues en esta vida los grandes maestros son los hijos, y los niños en general...

Todos decimos querer ser felices, pero... ¿Qué es la felicidad?... Cada persona te dirá lo que es para ella la felicidad en función de su estado de consciencia, uno te dirá que será feliz cuando consiga un ascenso en su empleo, otro te dirá que será feliz cuando tenga esa casa por la que lleva años ahorrando, y habrá quien te diga que la felicidad está en criar a sus hijos sanos, también oirás eso de seré feliz cuando salga de esta enfermedad...

El problema es que, buscamos la felicidad fuera de nosotros, porque nos hemos desconectado de nuestra esencia divina, nos hemos olvidado de quien somos, y no nos damos cuenta de que nunca la podremos encontrar fuera de nosotros.

Porque está dentro de nosotros, ya tenemos todo lo que necesitamos para ser felices, entonces ¿Por qué no lo somos? La respuesta es fácil, Porque no somos conscientes del poder que tenemos...

*INTRODUCCIÓN

Nos pasamos la vida buscando a alguien a quien echarle la culpa de todo lo que nos pasa, nos sentimos víctimas y pequeños a lo largo de nuestra vida, vivimos en el mundo de las apariencias y las máscaras, donde eres una persona en las redes sociales aparentemente súper feliz, pero vives un infierno y crees que es culpa del otro, (por supuesto), no nos hacemos responsables de nosotros mismos, sino que vamos buscando a quien culpar, a la mama, al papa, a la abuela, a la vecina, al gobierno, al país…

A quien sea con tal de no mirar dentro, nos aterra pensar que somos nosotros los creadores de nuestra historia, que hemos venido aquí a aprender y evolucionar, y que la vida siempre te pondrá, en el lugar perfecto y correcto para ti, pero no desde tus expectativas, sino donde corresponda para que puedas desarrollar tu nivel de consciencia y despertar espiritual.

Sí, Despertar, porque nos pasamos la vida dormidos, absortos en este "Matrix" que hemos creado de obligaciones, de trabajo, de lucha, sin vivir realmente, porque no vivimos, sufrimos, buscando como pagar esto, como conseguir más de lo otro, siempre en la preocupación, en el ego…

Somos como unos robots, que nos programan y creemos que eso es todo, y un día sin darnos cuenta, tendremos ochenta años y diremos ¿¿Qué he hecho con mi vida?? En el mejor de los casos, podrías decir, nunca me faltó el trabajo, trabajé duro, cree mi empresa, crie mis hijos sanos, y me fue bien, ya me puedo morir tranquilo, pero…¿Fuiste feliz a lo largo de tu vida? ¿Hiciste lo que realmente pensabas de niño que "serías de mayor"? ¿Explotaste tu don? ¿Perseguiste tus sueños? O simplemente trabajaste en lo que te dijo alguien que debías trabajar, para tener un sueldo seguro, o dedicaste tu vida a vivir según las expectativas de otra persona…

Creo que realmente aprendimos mal, nos han programado mal, a lo largo de nuestra vida, vamos metiendo en nuestro "disco duro" ideas de aquí y de allá, nos las creemos y nos olvidamos de lo perfectos que ya somos, por el simple hecho de Ser, nos desconectamos de la fuente, y de nuestra divinidad, y entonces, fracasamos en el intento de encontrar la felicidad fuera de nosotros mismos...

En este libro, quiero compartir contigo una historia real, para que comprendas, que en esta vida el Ser feliz o estar en paz, depende única y exclusivamente de uno mismo, y que no hay nada ni nadie fuera impidiéndote Ser Feliz, sino que es tu propio Ego boicoteándote, que da igual lo que te suceda, tu puedes elegir Ser feliz aquí y ahora...

PARTE UNO:

BIOGRAFIA

CAPITULO 1; INFANCIA

Voy a escribir mi biografía tal y como yo la recuerdo, y bastante resumida para evitar detalles, quiero dejar claro que cada persona ve las cosas desde su perspectiva y nivel de consciencia en cada etapa de su vida, y por eso los recuerdos de mi vida yo los escribiré tal y como yo los viví, bajo la percepción de la realidad "neutra" que yo tenía en cada momento según mi nivel de consciencia en cada etapa…

Siempre diré que mi memoria es mi gran virtud y mi gran castigo…

Mi infancia fue lo que comúnmente se conoce como una "infancia difícil"…

Yo, nací en la Línea, aunque mi familia materna era de Algeciras. Fui fruto de una relación entre mi madre Rocío, y un hombre llamado Carlos, de la Línea, (aunque el nombre de mi padre yo no lo supe hasta los veinte años), en principio lo que yo tenía entendido es que mi padre se llamaba Ramón y que tuvo una breve relación con mi madre Rocío…

Siempre que he hablado de mi vida, mis primeros años de vida los divido de tres en tres años.

Mis primeros tres años, es cuando yo aún vivía con mi madre biológica, y estábamos mi hermana mayor Sara y yo con ella, aunque normalmente ella no estaba presente o nos dejaba con familiares, amigos o conocidos.

Mi madre tenía un problema de adicción con las drogas, por lo que no estaba muy preparada para ejercer su función de madre, y no nos atendía a mi hermana y a mí como una madre "común" debido a este problema.

A pesar de esto, cuando yo me recuerdo en mis primeros tres años, (que aún tengo algunos recuerdos borrosos), recuerdo que yo la quería mucho, y el poco tiempo que pasaba conmigo yo no me despegaba de ella…

Cuando yo tenía tres años y mi hermana mayor seis, mi madre nos dejó abandonadas en la habitación de un hotel donde nos estábamos hospedando y se fue embarazada nuevamente a Madrid, allí nos encontraron las limpiadoras del hotel que ya nos conocían porque nos daban unos dulces llamados "milojas", para que comiéramos algo mi hermana y yo, el tiempo que estuvimos allí.

Entonces nos pusieron a disposición de los asuntos sociales y mi Tío Paco y mi tía Esperanza que eran los que normalmente se quedaban con nosotras nos recogieron en su casa.

De los tres a los seis años viví en casa de mis tíos, con mis tres primos y mi hermana mayor.

Aquel tiempo fue mi etapa de la infancia más feliz que yo recuerde, siempre estábamos jugando en el gran jardín de mis tíos mi hermana y yo, y en los veranos los acompañábamos en su trabajo de las ferias, y me gustaba mucho estar siempre con ellos.

De vez en cuando mi madre venía de visita, y yo cuando la veía me sentía realmente bien y quería que se quedara con nosotras allí, no comprendía porque siempre se volvía a marchar…

Mi hermana mayor un día me dijo, que tenía que dejar de querer a mi madre porque era una mamá muy mala, aunque eso de momento no era posible para mí…

Lo único que recuerdo malo de esta etapa, es que sobre mis cinco años, sufrí mi primer abuso sexual. No recuerdo la cara del niño, ni su nombre, solo sé que era hijo de unos amigos de mis tíos que venían a veces de visita, y que era bastante mayor que yo, también recuerdo perfectamente lo que me dijo antes "-¿sabes lo que es follar? Yo le dije -no, y él me respondió, -es que yo he visto a mi hermano mayor hacerlo con su novia y quiero hacerlo contigo. Entonces nos metimos en un armario que creo que estaba en el cuarto de juegos y allí lo hicimos, yo lo viví como un juego, pero un juego secreto, algo que no se debía contar.

Cuando yo tenía seis años, llegó el día en el que nos tuvimos que ir por diversos motivos, y yo me sentí completamente abandonada de nuevo.

Nos fuimos a Jerez de la Frontera a un piso de acogida que gestionaba una señora mayor llamada Carmen, que había sido monja anteriormente, esta etapa va de mis seis a mis nueve años.

En ese piso ya vivían tres hermanos, posteriormente llego otro niño, y mi hermana y yo…

Siempre digo que en ese piso perdí mi infancia, pues vi, descubrí y sufrí muchísimas cosas que no eran apropiadas a mi edad…

Entre otras cosas allí volví a sufrir abusos sexuales, primero porque los niños mayores cuando la señora se iba a la adoración nocturna iban al videoclub a alquilar películas porno, la ponían delante mía y se masturbaban viéndola, a día de hoy, aún recuerdo algunas escenas de esas películas, además yo les conté (como un juego), lo que había sucedido en el armario en casa de mis tíos, y ellos se reían mucho, por lo que yo lo contaba una y otra vez, incluso me grabaron contándolo con una radio…

La vida allí era muy diferente a lo que yo había vivido hasta entonces, los niños mayores solían hacer espiritismo por las noches, la wija principalmente, y lo solían usar contra mí, así que yo comencé a tener un miedo profundo a la oscuridad y dormía con un montón de peluches.

Por otro lado, ya con seis años comenzaron las obligaciones de tareas domésticas, y tuve que empezar a "correr" y a "sobrevivir", pero a pesar de todo esto, yo todavía no había perdido la ilusión y la alegría, y seguía viendo el mundo con la magia propia de la infancia…

Los niños del piso se fueron yendo poco a poco por diversos motivos, y por ultimo quedamos un niño, mi hermana y yo, posteriormente, mi hermana se fue a un colegio interno por varias discusiones que tuvo con la gerente del piso, y yo me quede sola un tiempo con el otro niño que tenía unos doce o trece años, y seguí sufriendo abusos sexuales por su parte. Esta vez fueron del tipo "tócame" "chúpame" "yo te toco", no hubo penetración, pero él me obligaba a hacerlo a cambio de que jugaría conmigo a lo que yo quisiera, así que yo lo hacía y lo mantenía en secreto.

Al tiempo, este niño se fue y finalmente me quede sola con la señora del piso. Nunca llegue a decir nada de lo ocurrido pues pensé que era mi culpa.

Esta última etapa en el piso si fue para mí bastante dura porque había perdido a mi hermana mayor, (que era mi referente materno), me sentía muy sola y cada día mi inseguridad iba creciendo, mi autoestima iba disminuyendo y mi timidez iba siendo mayor…

Como la señora del piso había sido monja de religión Cristiana, ella empezó a inculcarme la fe Cristiana Católica, me llevaba a misa, adoración nocturna e íbamos a la capilla todos los días a rezar, me enseño muchísimas oraciones e incluso el rosario, también me bautizó e hice mi primera comunión con ocho años.

Por otro lado, resulta que en el mismo bloque donde yo vivía, vivían también los padres de la que sería mi madre adoptiva y cuando la señora del piso decidió no cuidar más niños, por un cúmulo de acontecimientos "casuales" esa familia que tenía intenciones de adoptar y sabía de mi existencia decidieron acogerme, así que, como vivían en San Juan de Aznalfarache (Sevilla) por aquel entonces, me mude con ellos a su casa...

Esta primera etapa con la familia de acogida va de los nueve a los doce años...

De mis nueve a mis doce años, fue una etapa bastante agradable para mí, aunque con sus dificultades, me gustaba mucho como era la vida en la urbanización de San Juan, conocí muchos amigos de mi edad, y tuve una cálida acogida por todos los vecinos de allí, hice amistades fuertes que hasta hoy conservo, así que, en cierto modo, volví un poco a disfrutar de mi infancia…

El problema era que de puertas para adentro la vida con mi familia adoptiva no era tan maravillosa.

Ellos tenían un niño de dos añitos llamado Carlos, al que desde el primer momento que vi amé, amo y amaré por el resto de mi vida, pero yo, por aquel entonces, notaba muchísimo las diferencias que existían en el trato hacia él y hacia mí, por parte de toda mi familia de acogida, (pues a veces íbamos a jerez con la familia de mis padres de acogida y las diferencias eran abismales, o así lo sentía yo)…

Yo siempre fui una niña estudiosa, nunca hubo que obligarme, ni insistirme, ni ayudarme en mis tareas escolares porque salía de mí el hacerlo desde muy pequeña, también me he considerado una niña obediente, por lo menos hasta la adolescencia, pero yo sentía que no encajaba, que nada de lo que hacía era suficiente para ganarme el corazón de mi familia adoptiva, en especial el de mi madre y su familia, excluyendo a algunas personas…

En varias ocasiones mi madre de acogida me amenazó con llevarme a los asuntos sociales, (que para aquel entonces yo los veía como unas personas malas que se dedicaban a mover niños de una casa a otra sin importarles si eso les dañaba o no)…

Empezó el maltrato psicológico por parte de mi madre adoptiva y yo comencé a sentir miedo, miedo al rechazo, a la soledad, al abandono, pues ya venía arrastrando este tipo de problemas por la infancia vivida y esta situación lo agravó aún más...

Por aquella época, comenzaron las "visitas" a mi madre biológica, pues lo último que me habían dicho en los asuntos sociales es que esta familia de acogida sería una familia puente hasta que yo finalmente volviera con mi madre biológica. Entonces, creo que una vez en semana o cada dos semanas, (no recuerdo exactamente el tiempo), mi familia de acogida me llevaba a un punto de encuentro y allí me recogía mi madre biológica, que por aquella época vivía con el padre de mi hermana pequeña, la cual tenía dos años, y con mi hermana mayor Sara que, para mi sorpresa también vivía con ellos.

Yo disfrute mucho al reencontrarme con mi hermana mayor, aunque ella me comentó que no era feliz con mi madre y la nueva familia de ella…

Las visitas no duraron mucho tiempo por varios motivos. Mi madre biológica, faltaba alguna vez al punto de encuentro, y además cometió el error de seguirme desde mi colegio hasta la casa de mi familia adoptiva y presentarse un día allí, con mi hermana mayor, para decir, entre otras cosas, que me iba a secuestrar. Esto, fue motivo suficiente para que mi familia adoptiva hiciera un escrito a los asuntos sociales contando lo sucedido, y entre eso y que mi madre biológica no se presenta a veces a las visitas, éstas se terminaron, y mi familia de acogida empezó con los trámites de la adopción.

*CAPITULO 2; ADOLESCENCIA

Supongo que como para todo el mundo, la adolescencia es una etapa de confusión y caos interno, hay quien la llama "la primera crisis existencial" y yo, en mi adolescencia no sabía quién era, que quería, hacia donde dirigir mi vida y me sentía totalmente fuera de lugar, desubicada y profundamente abandonada...

Esta etapa comienza, cuando en el verano del año 2002, mis padres deciden que se vuelven a vivir a Jerez de la frontera, (puesto que ellos realmente eran de allí), y a mi padre adoptivo le concedieron el permiso del traslado en su trabajo.

Al llegar a Jerez, yo estuve una temporada bastante triste porque me dolió mucho el tener que despedirme de todas las amistades que había hecho en San Juan, y me pasaba los días llorando con las fotos de mis amigas de un lado para otro, aunque empezamos a escribirnos por correo ordinario, ya que en aquella época aún no había tanta tecnología ni tantas redes sociales como hoy en día...

Poco a poco, fui conociendo amigas en la nueva urbanización de Jerez, y en mi nuevo colegio, aunque yo era bastante tímida y me costaba mucho abrirme a nuevas amistades, pero una vez lo hacía era bastante abierta con mi círculo más cercano...

Aquella época, que dura de los doce a los dieciocho años, teníamos discusiones y problemas constantemente, castigos para mi parecer injustos, en el sentido de que no estaba de acuerdo con las normas estrictas que me ponían mis padres adoptivos.

Yo tenía gustos diferentes a ellos en cuanto a vestimenta, peinados, maquillaje etc, y esto era un problema y motivo de conflicto constante...

Como estudiante seguía siendo buena. Durante mis cuatro años en la Eso, nunca suspendí, era bastante responsable con mis estudios así que nadie me tenía que decir vete a estudiar o haz los deberes, aprobaba los cursos normalmente con nota media de notable, y mis padres me solían hacer algún regalito al finalizar el curso para compensarme.

La verdad, yo no hacía muchos esfuerzos, porque siempre he tenido una memoria maravillosa, que unidos a mi alto sentido de la responsabilidad y la auto exigencia era lo que me empujaba a sacar buenas notas.

En mis dos años de bachillerato, que cambié del colegio al instituto, en el primer trimestre del primer curso, si suspendí un par de asignaturas, ya que no estaba muy centrada, pero pude recuperar sin dificultades y finalmente salí de bachillerato con nota media de notable.

Como estudiante era buena, pero quizás como hija no cumplía las expectativas de mi familia adoptiva, en especial de mi madre adoptiva. Los principales motivos de discusión eran temas como la ropa, hora de llegada a casa, mis amistades o posibles novios, y que yo nunca quería acompañarlos a eventos con sus amistades, porque prefería salir con mis amigas o quedarme en casa…

Tengo que reconocer que yo era muy pero muy cabezona, maniática, bastante obsesiva y no tenía apenas paciencia y esto eran puntos en mi contra…

Por otro lado, a mi madre le preocupaba en exceso, (para mi parecer), el tipo de amistades que yo tenía, a pesar de que yo nunca he fumado, ni llegue bebida a casa, como hacen muchas adolescentes, y normalmente respetaba el horario que me imponían de llegada.

Por esta época mi percepción acerca de las diferencias en el trato hacia mi hermano y hacia mí por parte de mi familia adoptiva eran enormes, mi madre usaba mucho el maltrato psicológico hacia mí, con expresiones como "no vales para nada" "no eres nada" "ve y busca a tu madre biológica que es quien tiene las responsabilidades y no yo" "eres una gitana" "vas a acabar casada con un obrero"...

Si ya de por si esta etapa es complicada en términos generales, y yo venía arrastrando muchas carencias afectivas de mi primera infancia, no ayudaba mucho que tu "familia" te crearan más inseguridades de las que ya llevaba arrastrando, (pero supongo que no era esa su intención).

También cabe destacar que siempre fui bastante "enamoradiza" y comencé relaciones con chicos bastante jovencita, perdí mi "virginidad" (conscientemente) a los catorce años, aunque mi primer novio oficial y que presenté a mis padres lo tuve a los dieciséis años, y era ocho años mayor que yo, pero yo le dije a mis padres que era cuatro o cinco años mayor, para intentar evitar posibles conflictos…

Tuve una relación muy tóxica durante casi dos años, aunque yo no fui consciente de ello, en esta relación hubo maltrato, infidelidad y otros muchos puntos de relación no sana, (aunque para mi él era mi mundo)…

De esta etapa voy a resumir diciendo que me llevaron a una psicóloga de post-adopción para que intentáramos llevarnos bien, y con ella estuve de los catorce a los dieciocho años, pero mis padres solo vinieron unos meses al principio a pesar de ser una terapia familiar, porque pensaron que como la psicóloga no les daba la razón siempre, el problema lo tenía yo y quizás la psicóloga que era muy joven…

Yo continué yendo, porque a mí el hablar con mi psicóloga si me ayudaba, para luego poder sobrellevar los conflictos de la casa.

Un día, en el año 2007, estando en casa de mi novio, me llamaron mis padres para decirme que mi hermana mayor me había ido a buscar a la dirección donde vivíamos en San Juan, y me llevaron a verla. Fue la última vez que la vi, aunque estuvimos hablando por teléfono un tiempo, un día, me llamo desde una gabina para despedirse porque había perdido todo y ya nunca más supe de ella.

Por otro lado, las discusiones iban cada vez en aumento, con diecisiete años me quede embarazada de mi primer novio, y a mi madre no le pareció buen momento para que yo tuviera un bebé, así que me llevaron a abortar, y finalmente cuando estaba a punto de cumplir la mayoría de edad, me ayudaron a buscar piso compartido y me dijeron que lo mejor era que me fuera de la casa.

Por aquel entonces, yo estaba estudiando Técnico Superior en Educación Infantil, y además trabajaba por las tardes en una ludoteca, donde ganaba unos cuarenta euros por semana (ciento sesenta al mes), así que mis padres se comprometieron a pagarme los estudios hasta que terminase el Técnico, y me daban ciento cincuenta euros por la habitación de alquiler.

Aquí termina la etapa con mi familia de adopción, con la cual mantuve una convivencia bastante dura durante nueve años de mi vida.

*CAPITULO 3; MAYORIA DE EDAD:

Cuando cumplí mi mayoría de edad en noviembre de 2008, me fui a vivir por primera vez a un piso compartido con dos chicas más, Sara que estudiaba para abogada, y Patri, que trabajaba, pusimos unas normas generales de convivencia y limpieza y la convivencia fue bastante buena durante el tiempo que compartimos piso.

Mi novio hacía un par de meses que había dejado nuestra relación, definitivamente, aunque yo me negaba rotundamente a aceptarlo, y sufría profundamente porque (el que había sido el centro de mi vida los dos años anteriores) me había dejado y abandonado en mi peor momento, así que cuando no estaba estudiando o trabajando estaba llorando, o intentando verlo…

Yo seguía teniendo relación con la madre de mi ex, así que cuando me despidieron de la ludoteca por falta de niños por enero de 2009, me iba por las tardes a ayudarle a su peluquería, y de camino veía a mi ex (aunque fuera de lejos), yo tenía la esperanza de que un milagro ocurriera y el volviera conmigo.

La madre de mi ex, que siempre se portó muy bien conmigo, me daba fiambreras de comida porque ya yo no tenía ningún ingreso, y me daba algo de dinero por ayudarla en su peluquería y también mi excuñada, que montó otra peluquería cercana y yo me iba a ayudarla a ella, esto fue durante un par de meses o tres, porque por abril del 2009, comencé a trabajar cuidando trillizos de ocho años de edad, dos niños y una niña, a los que les cogí un gran cariño.

En este trabajo también ganaba unos ciento cincuenta euros al mes, con los que me apañaba para vivir mientras seguía estudiando el Técnico de Infantil.

Por otro lado, como la feria de Jerez es en mayo, y yo ese año estaba decidida a encontrar a mi familia biológica, de la cual, yo tenía conocimiento que montaban su negocio allí, y siendo ya mayor de edad, tenía la libertad de hacerlo. Dicho y hecho, los busqué y me encontré con que uno de mis primos era el que llevaba en ese momento el tema de las ferias, así que pude recuperar la relación con mis tíos y primos.

Por otro lado, también conocí, a otra parte de mi familia, otros tíos y primos que no tuve oportunidad de conocer de pequeña, o yo no los recordaba.

Paralelamente cabe destacar que, por esta etapa, yo tuve una breve relación con el que era tío de mi exnovio, mi obsesión llegaba tan lejos con mi exnovio, que me agarré al parecido físico que tenía con él, y además me dio mucha pena la historia biográfica que me contó, (ya que a mí por aquel entonces me encantaba ayudar y "salvar" a los demás, e intentaba que mejorasen sus vidas, creyendo que yo podía hacerles cambiar y poniendo constantemente mi foco y mi poder fuera)…

Esta historia se complicó, y finalmente tuve que mudarme con este hombre para no perjudicar a mis compañeras de piso…

Al final me enredé nuevamente y casi sin darme cuenta, en una relación mucho peor que la anterior, donde volví a vivir maltrato psicológico y físico, con episodios bastantes fuertes que nunca llegué a contar. Como por ejemplo, un día me puso un cuchillo en la barriga y me preguntó si le tenía miedo a la muerte, yo salí corriendo de la casa, pero me persiguió y me llevó literalmente del pelo arrastrándome por la calle a un cajero para que le diera dinero…

Además, él tenía adicción a las drogas, pero lo más gracioso de esta relación es que yo no llegué a sentir nunca amor hacia él, ni siquiera lo consideraba mi pareja, pero me sentía tan rota por dentro y tan abandonada que, me agarré a lo que había, y sin darme cuenta acabé viviendo con una persona y en una relación infernal unos cinco meses…

Por otro lado, yo seguía con mis estudios y mi trabajo de niñera, y además había retomado la relación con mi familia bilógica y ya no me sentía tan sola, así que hablé con una persona muy importante para mí, una buena amiga que estudiaba conmigo, Lydia, le conté por encima mi situación, y ella me ofreció su ayuda, me alquiló una habitación en su casa, para poder escapar de aquel infierno donde me había metido.

Así que, como ya estaba en el segundo curso del módulo de educación infantil y yo sabía que mis padres me iban a retirar los ciento cincuenta euros que me pasaban por la habitación al acabar de estudiar, hablé con mi tío Paco que tenía una churrería fija en Sevilla, y él me dió trabajo algunos fines de semana allí, mientras terminaba de estudiar y en eventos, como semana santa y feria de Sevilla.

Por esta época, volví a encontrarme con mi hermana pequeña Alba, que para ese entonces ya tenía doce años y vivía en Sevilla con su padre.

Cuando acabé el módulo de infantil por Junio de 2010, me fui a vivir a Algeciras, a un piso que le alquile a mi tío Paco, y empecé a trabajar en todas las ferias que llevaba mi primo Fran.

Esta etapa para mí fue bastante buena, ya que conseguí tener una independencia económica muy grande, a la cual yo no estaba acostumbrada, ya que yo hasta entonces había vivido con muy poco.

Cuando me fui a Algeciras, que yo trabajaba en ferias, el tiempo que no estaba trabajando estaba en mi casa, salía y entraba, me compraba mi ropa y mis cosas y hasta me pude pagar mi carnet de conducir con la ayuda de mi tío Paco...

Yo tenía casi veinte años, y me gustaba como era mi vida entonces, tenía muy buena relación con toda mi familia biológica.

Cabe destacar, que un día trabajando, vino un hombre a mi trabajo y me dijo –hola, soy tu padre. Se llamaba Carlos, era taxista en la Línea, y me contó de su relación extramatrimonial con mi madre, así como su versión de la historia, estuvimos hablando un tiempo por teléfono pero finalmente decidió cortar la comunicación para no tener problemas con su mujer e hijos.

Por aquella época, apareció en mi vida el libro de "El Secreto", de la ley de la atracción.

Yo siempre había pensado en temas así, o bien al principio tirando por religión o bien más mayor tirando por temas de espiritualidad, empecé a practicar lo que yo entendí de los principios de "la ley de la atracción", claro que para mí, no funcionó, eso me decepciono mucho, y no entendí el por qué hasta muchos años después.

Por otro lado, cabe decir que en el tema de relaciones amorosas seguía siendo un desastre, me enredaba en historias con personas con pareja, o donde me engañaban constantemente, y no conseguía tener una pareja estable, ni alguien que realmente me valorara, tenía problemas con el sexo, pues muchas veces no conseguía llegar al orgasmo, por una sensación de culpabilidad que venía arrastrando por los abusos sexuales de mi infancia, también me sentía muy vacía cuando tenía relaciones esporádicas o no me trataban con cariño en el sexo…

Por esta época me enamoré de uno de mis primos (Dani), hijo de mi tío Alfonso y mi tía Isabel Mari, que yo no había conocido de pequeña, hasta que tuve dos encuentros amorosos con él, y en esas dos noches sentí que había recibido más amor que en toda mi vida, pero él nunca llegó a decirme nada claro, supongo que le avergonzaba eso de que fuéramos primos, así que, tuve que dejar esta historia aparte.

CAPITULO CUATRO; EL PRIMER DIAGNOSTICO

Digamos que en esta etapa, yo era una chica bastante activa, nerviosa, alocada, impulsiva, tozuda, muchas veces sentía que el mundo estaba en contra mía, o que todo el mundo tenía la intención de hacerme daño…

Rasgos de mi personalidad, que en varias ocasiones me jugaron malas pasadas, y no sé muy bien ni cómo ni cuándo pasó, que de un momento a otro, casi toda mi familia biológica dejó de hablarme y de tener relación conmigo.

Entre mis dos tíos Paco y Alfonso existían problemas desde hacía muchos años, ellos no se hablaban, y yo cambié de empresa de mi primo Fran (tío Paco) a la de mi Tío Alfonso, porque me llevaba mejor con sus trabajadores, esto ya fue un motivo de conflicto con la familia de mi tío Paco. Luego mientras trabajaba con mi tío Alfonso (por lo visto), algunos trabajadores comenzaron a comentar que yo tenía una relación con mi Tío Alfonso, y esto causo que la familia de mi tío Alfonso no quisiera tener relación conmigo (aunque esto yo no lo supe hasta muchos años después).

Con mi familia adoptiva no tenía relación desde los dieciocho prácticamente, a excepción de mi hermano al que a veces veía…

Entonces volví a quedarme prácticamente sola, y para mi Yo de este entonces, esto era un drama total, ya que yo había acumulado mucho miedo a la soledad y al abandono.

Me aterraba estar a solas conmigo misma, así que poco a poco, empecé a tener pensamientos depresivos, me comencé a sentir muy triste la mayor parte del tiempo, me pasaba los días dando largos paseos "a ninguna parte", absorbida en pensamientos de tipo, "no merezco nada" "tenían razón, no valgo para nada", "estaría mejor muerta", "mi madre me debió haber abortado" "solo causo problemas por donde quiera que vaya", "soy culpable de todo lo que me ocurre"…

Estos eran mis pensamientos la mayor parte del tiempo, tanto así, que llegue a caer en una depresión (aunque yo no era consciente de ello), deje de comer, deje de asearme (cuando yo siempre fui una persona extremadamente cuidadosa con mi aseo personal) deje de salir, y me pasaba los días encerrada en casa viendo la tele, o en mi cuarto y, por supuesto, corté la comunicación con casi todo el mundo…

Yo tenía una compañera de piso, pero ella trabajaba muchas horas y no nos veíamos apenas, y yo estaba tan absorbida por la culpa, la depresión y los pensamientos depresivos, que comencé a tener paranoias, como imaginar que mi compañera me tenía puesta una cámara en el salón para observar mi comportamiento, también, cosas como que la televisión hablaba sobre mí, si era algo malo, (claro), o que todo el mundo estaba en contra mía, como si hubieran hecho un complot para hacerme daño y la vida imposible, o como si todo fuera una especie de teatro, y todos fuéramos actores de una película, y en cualquier momento alguien iba a venir a decirme, tranquila ya paso todo, era una broma, y nada de esto es real…

Mi yo de aquel entonces, solía tomarse todo personal, y las cosas muy a pecho, entonces en los últimos meses estuve pensando en cada situación de mi vida, analizando cada detalle, y llegue a la conclusión, de que todo lo había hecho mal, y por supuesto, el sentimiento de culpabilidad iba aumentando…

Estos pensamientos y paranoias se fueron agravando hasta el punto de que el último fin de semana, que pase en mi piso, me encerré en mi cuarto, y me pasaba la mayor parte del día metida en el armario, porque mi mente me decía que ahí estaba a salvo (paradójicamente en un armario me sentía a salvo) y que pronto iban a venir a llevarme a una cárcel para que pagase, todo el daño ocasionado…

En este último fin de semana, perdí la capacidad de hablar, es decir, yo pensaba en mi cabeza, mi mente hablaba, pero mi boca no, tenía como un nudo (imaginario) que no me dejaba pronunciar las palabras, y ya había dejado de comer prácticamente del todo, en estos tres días solo bebí un vaso de agua, que mi compañera de piso me trajo en una bandeja con comida, que no me comí…

Mi compañera empezó a preocuparse e intentó hablar conmigo, (en vano) pues yo ya no podía hablar, así que contactó a unos amigos míos, ellos a mi tío Alfonso y me llevaron al hospital…

Llegue al hospital, deshidratada, desnutrida, no sé si llegaba a los cuarenta kg, (mi peso normal era unos cuarenta y nuevo o cincuenta kg) y había perdido muchísimo peso), sin poder hablar, sucia, sin depilar y además sin poder pronunciar palabra…

Recuerdo que allí los médicos no paraban de hacer preguntas a mis familiares, y cada vez que contestaban yo pensaba, no eso no fue así, pero como tenía bloqueada la capacidad de hablar, nada de lo que yo pensaba en mi mente como respuesta, llegaba a ninguna parte…

Me hicieron pruebas de todo tipo, (drogas, orina, sangre) buscando el motivo de mi estado, pero como no hallaron nada fuera de lo común, a excepción de mi desnutrición, me subieron a la planta de salud mental.

Entonces, mi miedo más profundo se hizo realidad, y yo, ni siquiera era capaz de hablar…

Pero en mi memoria, que siempre digo "es mi virtud y mi castigo", guardé perfectamente lo que allí viví, (que no fue precisamente agradable).

Teníamos una habitación típica de hospital, con la camilla (que era la cama), y estábamos dos o tres por habitación, en mi caso yo compartía habitación con otra chica más, que tenía un trastorno de personalidad, (pero conmigo fue bastante agradable).

El día comenzaba así, nos levantaban a las 08.00h, hacíamos cola para coger la toalla, el camisón del hospital, y los utensilios de baño, cuando llegaba el turno, nos daban un vaso de plástico que llenaban de un jabón, (que parecía mistol) y una esponja desechable (que parecía una lija, en vez de una esponja de baño), la ducha estaba dentro del baño de la habitación, y el agua caía de un grifo de arriba, no había manguera , ni tampoco cortinas o mampara, el suelo era el típico suelo de piscinas con cuadritos azules, y el agua caía en el baño pero había un desagüe grande que lo absorbía, en el baño tampoco había espejos, ni ventanas, así que mientras estabas allí dentro no podías verte a ti misma, ni depilarte, ni nada de eso. (Por temas de evitar suicidios).

Después de la ducha, nos daban medicación, nos subían arriba para desayunar a todos los pacientes, y nos daban la posibilidad de hacer manualidades, leer libros etc.

Yo, al principio no hacía ninguna actividad, únicamente, me sentaba en una silla toda la mañana, posteriormente nos daban el almuerzo, al principio yo me negaba a comer, pero me obligaban (literalmente). Después, nos volvían a dar medicación, y nos bajaban a las habitaciones, sobre las 16 nos subían arriba, y nos daban más medicación, y a las 18 era la visita de los familiares, hasta las 20.

A estas visitas solía venir diariamente mi tío Paco, el mismo que me había tenido en su casa de pequeña, él me hablaba, me mostraba fotos de sus nietos (mis sobrinos) pero yo durante unas semanas, no era capaz de decir palabra. Cuando acababan las visitas, nos daban la cena, más medicación y nos llevaban a dormir hasta el día siguiente.

Estuve en el hospital desde final de octubre hasta principios de Diciembre, pase allí mi veintiún cumpleaños que es en Noviembre, y dio la "casualidad" que ese día no pudo venir nadie a visitarme.

Mis padres adoptivos se enteraron que yo estaba en el hospital porque me hacían dos llamadas al año, en mi cumpleaños y en navidad, y como era mi cumpleaños, llamaron a mi móvil, que respondió mi compañera de piso, porque mi móvil estaba en el piso, y ella (que desconocía la poca relación que había entre nosotros) les comento que yo estaba ingresada allí, así que un día vinieron a visitarme, (yo aún no hablaba por aquel entonces), por lo que cuando los vi no pude decirles mucho.

Aunque la capacidad de pensar en mi mente siempre la mantuve, por un lado me alegre de que estuvieran allí, pero por otro no, aunque como digo yo no podía expresar palabra.

Recibí visitas de familiares, amigos pero el que venía casi a diario era mi tío Paco, y también por ultimo un amigo, que había conocido meses antes, a través de otra amiga en común.

Poco a poco, comencé a poder hablar, y pedí a mi psiquiatra que por favor me depilaran, y ella dio la orden para ello.

Aunque a ratos, en mi mente yo pensaba, que eso era un teatro, y que yo era la culpable de todo lo malo que ocurría en todas partes, poco a poco deje de tener estos pensamientos tan afianzados, y me cambiaron a un sentimiento de vergüenza conmigo misma, por haber permitido que eso me pasara, por haber caído tan bajo, ya que yo que siempre evite cualquier tipo de drogas o alcohol, porque sabía que en mi familia había antecedentes de enfermedad mental, y temía que me ocurriese a mí.

Yo, que había sido una persona con una inteligencia medianamente aceptable, estaba allí, en salud mental, rodeada de personas con todo tipo de trastornos (a cual más grave) y sintiendo que no valía nada, que realmente todo lo que me habían dicho durante años, finalmente era cierto…

Yo no era nada, ni valía para nada, era una enferma mental, una loca, una paranoica, un desecho social, con un futuro negro…

Por suerte, mi psiquiatra Carla, me dio un diagnostico (bastante bueno) para este tipo de situaciones, "depresión psicótica" y me explico que esto era, como si por el estrés acumulado a lo largo de los años, mi cerebro hubiera decidido "desconectar" por un periodo de tiempo "breve" de la realidad, para dejar de "sufrir" temporalmente.

Me dio tratamiento para un año de duración, a principios de diciembre me dio el alta del hospital y me derivo al psiquiatra de consultas para que me llevase el seguimiento.

CAPITULO 5; MATRIMONIO Y EL SEGUNDO DIAGNOSTICO"

Con veintiún años recién cumplidos, salí del hospital con la certeza de que iba a superar esa depresión, me sentía por un lado, fuerte y por el otro tenía bastante miedo a que eso se volviera a repetir, así que intentaba no darle mucha importancia al asunto, tomaba mis medicinas y sabía que en un año, la medicación iba a terminar, y yo volvería a ser la misma de antes, fuerte, luchadora…Me repetía a mí misma, que eso solo había sido un bache, algo sin importancia, y que no tenía que darle muchas vueltas…

Rápidamente, volví a mi vida normal, empecé a salir con el chico este que me visitaba en el hospital Jose, y él me propuso que me fuera a vivir a su casa, para evitar los gastos del alquiler, ya que él vivía con su padre.

En principio me pareció bien, y hable con mi tío Paco, el dueño del piso en el que yo vivía, y no me puso problemas.

Me fuí a vivir con Jose, y resultó que el chico agradable, atento, cariñoso, simpático, que había estado detrás mía durante los meses anteriores, era en realidad, un hombre inmaduro, machista, aprovechado, autoritario... En resumen, una joyita...

Yo no tardé mucho en darme cuenta de que su comportamiento conmigo cambió en el primer momento en el que entre por la puerta de su casa...

Me mandaba miles de obligaciones, y responsabilidades, que yo (medicada hasta las trancas que estaba) de antidepresivos, antipsicóticos y ansiolíticos a duras penas podía conseguir, mientras él se dedicaba a jugar a la play, ir al gym y tener discusiones constantemente con su padre adoptivo, (un hombre bastante amable, de edad avanzada, al que cogí bastante cariño en el poco tiempo que estuve allí).

La vida con él se me hacía difícil, pase un día de navidad con mis padres adoptivos y él vino, y delante de la gente era otra persona, (como todos los hombres de estas características).

Por Enero o Febrero, (un par de meses después), me cansé de la situación, hablé con mi tío Paco para contarle por encima la situación y le pregunte si había alquilado el piso donde yo vivía, y me dijo que no.

Me recogió y me llevo nuevamente a mi piso, con todas mis cosas. Por lo que, puse punto final a esa relación absurda y breve con Jose.

Al poco tiempo, empecé a ir de una relación a otra (no estables), intentando buscar a alguien con quien encajar, pero estaba la cosa difícil.

Con los meses fui cogiendo peso, debido a la medicación, y eso me llevo a tener más problemas de autoestima, (de los que yo ya tenía normalmente), debido a que yo hasta entonces había sido una chica muy delgada, de cincuenta kilos como máximo...

Por aquel entonces, empecé a tener una relación esporádica con un amigo mío, Zakaria, uno de los trabajadores y amigos de mi primo Dani.

Al principio, era como algo divertido, pasábamos mucho tiempo juntos, y una cosa llevo a la otra, aunque paralelamente él tenía una novia en Marruecos, (su país), a la que engañaba constantemente aquí en España, así que, yo me veía con otros chicos también a veces.

Volví a trabajar, yo hacía vida normal, salía, trabajaba, y mi vida se estaba encauzando, pero, por octubre de aquel año, tuve una conversación con Zakaria que marcaría un antes y un después en mi vida.

Yo, no sabía ya muy bien de que iba nuestra relación y ya cuando yo me veía con otra persona, me empezaba a sentir mal, porque a mí me gustaba centrarme en una sola persona, también empecé a sentir celos, cuando él se iba con otra chica,(lo veía como una falta de respeto mutua) porque prácticamente hacíamos vida de pareja.

Entonces, le pregunte que qué tipo de relación teníamos, qué éramos, que yo ya no podía seguir así, que o iba a ir la cosa más en serio, o íbamos a tener que cortar la relación que teníamos.

Él me dijo que quería algo serio conmigo, pero yo le recordé el pequeño detalle de que ya tenía una relación con una chica de Marruecos Kaoutar, y que al decidir tener una relación seria conmigo, tenía que terminar en ese momento la relación con su novia. Él aceptó, y la llamo delante de mí, supuestamente para decirle que la relación se acababa, (claro que la conversación fue en árabe y yo tuve que creer en su palabra).

Yo le mostré A Zakaria mi ropa, y mi manera de Ser, también le dije que yo no iba a cambiar porque él fuera de otra cultura, y él acepto.

Al poco, apareció en su Facebook una chica llamada Nouha, que decía ser una prima de él que vivía en Italia, con la que el mantenía conversaciones a diario y muy extensas, y ella incluso me preguntaba a mí por él (en inglés), cuando él no respondía. Yo al principio no le di importancia, pero llegó un momento en el que me pareció raro, tantos corazoncitos y palabras cariñosas, ya que por aquel entonces yo ya había aprendido algunas palabras típicas de novios en árabe, así que como yo sabía que en la cultura árabe las relaciones entre primos eran algo usual y común, le dije a Zakaria que me daba la impresión de que esta chica estaba enamorada de él, cosa que él negó.

Un mes después, Zakaria me habló de matrimonio, me propuso que nos casásemos, y yo le dije que era pronto, que aunque nos habíamos llevado unos meses de amantes y varios años de amigos, realmente como relación estable, solo llevábamos un mes, pero él me argumentó que para su cultura no podía existir el noviazgo, que su madre próximamente lo visitaría y que si veía que mantenía una convivencia conmigo sin estar casados, pues le iba a parecer mal, además me dijo que ser novios o estar casados para mí era un simple papel firmado, pero para él era algo importante, ya que llevaba como dos años ilegal en Algeciras por no haber estado aprobando los estudios y haber caducado su permiso de estudiante, tampoco había conseguido que le hicieran papeles de trabajo, por lo que al casarnos tendría manera de conseguir papeles legales de trabajo, y nacionalidad española.

Visto así, y siendo yo una persona empática, no me pareció mal su argumento y finalmente acepté.

Poco después, fuimos a informarnos sobre el matrimonio civil. Nos dieron cita para Enero del otro año, 2013, para la entrevista prematrimonial, y a final de noviembre nos visitó su madre, para conocerme.

Todo iba bien en principio, esas navidades, fuimos a cenar a casa de mi tío Paco, y luego yo me fui a trabajar a Sevilla con mi tío por la noche de fin de año y el salió de fiesta con los amigos.

Por enero, antes de la entrevista yo le di un ultimátum con el tema de su prima, Nouha, y su ex Kaoutar, si seguía teniendo conversaciones con ellas yo no me casaba porque ya era muy extraño ese tema.

Tras cumplir todo el año con mi medicación, me retiraron el tratamiento progresivamente, tras mi buena evolución, y me dieron la enhorabuena por mi pronta recuperación. Por aquel entonces yo llegué a pesar unos sesenta y cinco kilos, y me propuse perderlos lo más pronto posible.

Por otro lado, nos dieron fecha para casarnos en Junio, en el ayuntamiento de Algeciras, y mientras seguimos trabajando en lo que solíamos trabajar, en hostelería y ferias.

Tras algunos problemas y conflictos yo deje el trabajo, por mayo.

Llegó Junio, y llego el día de la boda, yo estaba muy nerviosa, conseguí perder bastante peso, me parece que diez kilos, así que aunque no estaba en mi peso ideal, tampoco estaba muy por encima de él.

A mi boda vinieron unas treinta personas, familiares y amigos, y de parte de Zakaria solo pudieron venir sus padres y un tío de él.

Yo no viví ese día con la ilusión de una novia que se casa enamorada, aunque estaba nerviosa no estaba realmente feliz, puesto que no estaba enamorada realmente, ni me hacía mucha ilusión la boda, tampoco me casé decidida o convencida del todo, y ya el mismo día de mi boda, Zakaria tuvo un par de comportamientos inusuales, que hasta entonces no había tenido, donde me levantó la voz y regañó por cosas sin importancia, hecho que no pasó desapercibido por una buena amiga mía de hacía muchos años, Lydia, que escuchó la conversación porque estaba delante, y me dijo que si el día de mi boda estaba así, me preparara para lo que vendría.

Yo lo justifique en ese momento, diciendo que serían los nervios del momento, que normalmente no era así.

Pero me equivocaba, cuando nos casamos su comportamiento cambió, el dio un giro de trescientos sesenta grados, de puertas para afuera seguía siendo atento, educado, cariñoso, etc. Pero de puertas para adentro él se convirtió en una persona posesiva, machista, violenta, manipuladora, en resumen, otra vez lo mismo de siempre…

Poco a poco, iba teniendo discusiones constantemente, por temas de mi ropa, de si iba a algún lado, de cómo me comportaba, de con quien hablaba, hasta el punto de que tuve varias escenas de violencia domestica con él.

Los gritos estaban a la orden del día, tanto dentro, como fuera de la casa, los empujones o zamarreones comenzaron a formar parte del día a día y la mano se le fue alguna que otra vez, en forma de guantazo.

Además, me humillaba constantemente, no me dejaba hablar, me decía como quería que me comportase, en alguna ocasión le dije que él no era mi padre para ordenarme nada, y su respuesta fue ("soy más que tu padre, ya que vives conmigo y no con él") Tampoco le gustaban mis amigas...

Poco a poco, yo me iba debilitando cada vez más, y me daban ataques de ansiedad constantemente, tras cada discusión, que por ese entonces, ya eran diarias...

Llegó un momento que él me llevaba al ambulatorio para pedir que me dieran algo para los ataques de ansiedad, y me solían dar una pastilla debajo de la lengua o un pinchazo que me dejaba dormida, pero uno de los días que fuimos, me dijeron que no podía ir a cada momento por ese tipo de cuestión, que debía ir a mi médico y solicitar un tratamiento fijo o diario para tratar la ansiedad.

Así que, un día fui a mi médico de cabecera, y le explique que me estaban dando ataques de ansiedad, y que me habían dicho que fuera para que me mandase un tratamiento, por mis antecedentes de salud mental, y familiares, a lo que él (para mi sorpresa) me respondió, si verdaderamente yo creía que necesitaba un tratamiento para "soportar" mi vida, y pasármela dormida, o eran las personas de mi alrededor las que realmente tenían el problema.

Estas palabras me hicieron pensar, y realmente yo sabía que yo no tenía un problema mental, sino que mi nivel de estrés estaba ya rozando el umbral máximo por las situaciones que estaba viviendo.

En un día de desesperación, intentando buscar ayuda, hablé por teléfono con mi madre adoptiva para contarle lo que me estaba pasando, pero su respuesta fue, ("ese es el marido que has elegido, ahora asume las consecuencias de tus actos").

Realmente pienso que ella no creía lo que yo le contaba, o quizás pensaba que yo exageraba, sea como fuere, ella no me iba a ayudar, y tampoco era su responsabilidad, ciertamente fue mi elección y yo era la única responsable.

Ese verano a él lo despidieron de su trabajo de ese momento, por un mal comportamiento, y una escena que me lío en su puesto de trabajo.

Por otro lado, yo comencé a trabajar como asesora de Belleza para una empresa de venta por catálogo, y me fui relacionando con otras mujeres, y haciendo cosas para evitar permanecer en el estado que estaba todo el tiempo, además, me matriculé para estudiar un Técnico de Estética Superior en el mes de Septiembre.

En esta época, un día que fui a una reunión de mi trabajo como asesora, me encontré con mi padre biológico en la Línea y me llevo a Algeciras de vuelta, le presenté a Zakaria y después de tomar un café se fue, y ya no lo volví a ver más.

Al principio, a Zak no le gustó mucho mi trabajo como asesora de belleza, no lo veía productivo, aunque finalmente acabo inscribiéndose él también en mi equipo.

Las facturas de los productos vendidos se iban acumulando y él no quería que las pagásemos, sino que nos quedáramos el dinero porque en ese momento estábamos mal económicamente.

A principios de Septiembre, yo me sentía muy agobiada, por un lado, las peleas con él eran parte del día a día, por otro, él había conseguido un trabajo en un kebab pero no le pagaban, y yo con mi trabajo no estaba ganando apenas nada.

Para mí, el tema económico era algo que me angustiaba mucho, pero yo tenía ilusiones y proyectos en mente, y me fui informando de subvenciones, préstamos etc. para montar nuestro propio negocio, cosa que a él si le pareció bien.

En principio, mi idea era montar algo de estética, ya que yo tenía nociones básicas, y pronto iba a empezar el curso, solicite toda la info y pedí la subvención, pero evidentemente me vino denegado, así que deje ese tema a un lado, y le dije a Zakaria que necesitaba irme unos días a Jerez con una amiga, para desconectar de la rutina y los problemas, pero él se negó, y me respondió que sí me quería despejar me fuera a Marruecos con su familia yo sola, (él no me podía acompañar porque aunque estábamos casados, aun no estaban arreglados sus papeles).

Así que finalmente acepté, y me fui de viaje a Marruecos.

Allí me recogió su familia en el puerto, y nos fuimos a su casa. Ellos me trataron muy bien, y yo hice buenas migas con la hermana pequeña de Zakaria, que hablaba español, y pasábamos todo el día juntas.

Por aquel entonces, la exnovia de zakaria se había puesto en contacto conmigo por whatsapp, (hablábamos en inglés), ella estaba muy resentida conmigo, pensaba que él la había dejado por mi culpa, me dijo que ellos habían planeado casarse, antes de que yo apareciera. Y a mí me volvió el runrún de tantas llamadas y mensajes de ella y la prima de Italia, así que un día le pregunté a la hermana pequeña de Zakaria por su prima Nouha de Italia, pero ella me negó la existencia de tal prima, lo que agravó mis sospechas…

Los días en Marruecos, eran diferentes que en España, yo salía de día con la madre o la hermana, y el resto del tiempo estábamos en la casa, o íbamos a visitar familiares a otros pueblos.

En aquel país, las mujeres, no valen nada, y si vienes como familiar de un marroquí tienes que vestir y actuar como ellos quieran (por respeto a la familia), pero la familia era muy buena conmigo y me sentí muy bien atendida.

Yo siempre he sido una persona que no tolera la mentira, ni los engaños, y una noche, hablando con la exnovia de Zakaria, para ver si ella conocía a la prima de Italia, me escribió este mensaje Kaoutar=Nouha, y a buen entendedor con pocas palabras basta, (por si te has perdido Kaoutar era el nombre de la ex de Zakaria, mientras que Nouha era la supuesta prima que vivía en Italia con la que paso meses hablando y mandándose corazones y palabras de amor, hasta que yo le di el ultimátum).

Este mensaje hizo que yo estallara en cólera, fue como la gota que colmó el vaso, me sentí, engañada, traicionada, y encima estaba en un país extraño y con un mar de por medio de mi sitio, quería cruzarlo nadando y decirle a Zakaria todo lo que tenía dentro.

Así que lo llamé en ese momento y le dije lo ocurrido. Lo primero que hizo fue negarlo todo, y yo me enfade más aun, empecé a gritarle , y decirle muchas cosas, y la familia se despertó, y me peguntó que me estaba pasando, conté lo sucedido como pude, y ellos le quitaron importancia, pero para mí era una traición imperdonable.

La siguiente vez que lo llamé, el aceptó que era verdad, después de haber hablado con su madre, y me dijo que sí que se trataba de la misma persona, pero me dijo que sus intenciones eran buenas, que el simplemente estaba tratando de explicarle que lo suyo se había terminado y que ella había quedado como obsesionada y ninguna explicación era suficiente para que lo comprendiera.

Para mi esta explicación no fue suficiente, me dio un ataque de ansiedad, me llevaron a un médico de allí que me inyectó algo y me dormí.

Al día siguiente, le pedí al hermano mayor de Zak que me llevara al puerto para coger el barco de vuelta, y así fue, me llevaron y volví a Algeciras.

Allí, me estaba esperando Zakaria, en el puerto con cara de pena, pero yo en ese momento lo único que quería era acabar con toda esa mentira de una vez y esa relación infernal.

Le dije que no podía seguir con él, que ya me había hecho mucho daño, primero con su comportamiento machista y maltratador, y ahora con el engaño de su ex, le dije que me iba a ir a casa de sus amigos un tiempo, pero primero fuimos a recoger las cosas a la casa que compartíamos.

Cuando llegue a la casa, el me pidió perdón, se justificó y demás, pero yo en ese momento lo único que sentía en mi corazón era odio, un odio muy grande y me estaba quemando, así que empecé a discutir con él...

Pero, de repente me sentí con una fuerza extraordinaria que nunca antes había sentido, y que no podía controlar, y comencé a tirar muebles de un lado a otro, a chillar, tire la alianza por la ventana y le dije ("esto es lo que era para ti nuestro compromiso") partí un cristal y con ese cristal me hice varias rajas en los brazos, uno con forma de K de "kaoutar" y me eché alcohol puro encima y le dije a Zakaria ("lo ves, pues esto no me duele, no siento nada, lo que me duele es la relación de mierda que hemos tenido, y el daño psicológico que me has hecho") en ese momento el comenzó a llorar, pero ya no me daba pena.

Por ultimo, recogí mis cosas, y me fui a casa de sus amigos y compañeros.

Durante el tiempo que estuve con Zakaria, en ese primer momento, me hablaban mucho de su religión de sus costumbres, de su modo de vivir, etc, Me comparaban su religión con la mía (que por aquel entonces yo era Cristiana) y mi cabeza empezó a cuestionarse.

Poco a poco, a los ataques de ansiedad, se le añadieron paranoias, pensamientos extraños de tipo religioso, mi mente empezó a creer, que yo era conocedora de una verdad, una verdad que debía compartir con el mundo y que era algo tan simple como: "Hay que ser buena persona, no importa cuál sea tu raza, o tu religión, Dios lo único que quiere es que seamos buenas personas y no nos hagamos daño los unos a los otros".

Llegó un momento, que no podía controlar las paranoias, y comencé a tener comportamientos "extraños" también.

Me creía que yo era una profeta, alguien que debía compartir esa gran verdad, y comunicárselo al mundo.

Salía a la calle de noche y ordenaba la basura si estaba fuera de su sitio, apenas me alimentaba, porque sentía que no lo necesitaba, me bañaba con agua fría durante mucho tiempo porque tenía la sensación de que al bañarme iba a limpiar los "pecados" de mi gente más cercana y los míos también.

En mi cabeza solo rondaban recuerdos que me hacían sentir culpable, llegue a creer que Yo era la culpable de todos los pecados del mundo, y que me merecía todo el daño que había sufrido hasta entonces, desde el abandono de mi madre, hasta el maltrato de mis parejas y los engaños.

También, empecé a recitar pasajes de la biblia, sin tenerla delante, con una voz muy rápida, (yo no sé cómo estaba eso en mi cabeza ya que la Biblia la había leído de pequeña en pocas ocasiones en el tiempo que vivía con la exmonja).

Por otro lado, sin tener reloj, sabía en todo momento que hora era, y el sentido del oído se me desarrollo mucho, (podía oír lo que hablaban personas dentro del bus, o personas que pasaban lejos). Lo más curioso de este tiempo, o este mes, fue que poco a poco, me empecé a sentir muy feliz.

En cierto modo, comencé a sentirme bien, mucho mejor de lo que habitualmente me sentía, me gustaba andar descalza, incluso en la calle, y conectarme con la naturaleza, me sentía muy unida al universo, a la vida e incluso a las personas. De hecho, todos mis sentidos se agudizaron, en especial el oído, como expliqué antes y el tacto.

En varias ocasiones Zak me dijo que fuera al médico, pero yo no quise, me sentía mejor que nunca, además llegué a sentirme muy segura de mí misma, (cosa que normalmente no sentía, y no quería perder esta sensación), realmente yo en ese momento no creía que necesitara ir al hospital.

Finalmente, sobre mitad de Septiembre, Zakaria llamó a mis padres adoptivos y ellos se presentaron en Algeciras, mi madre adoptiva llamó a una ambulancia, y se presentaron en la casa donde yo me estaba quedando. Subieron dos personas de la ambulancia, y me hicieron muchas preguntas, a las que yo conteste con seguridad y verdad, como no encontraron un motivo para llevarme, me dijeron que me fuera con ellos al hospital en la ambulancia porque íbamos a recoger una carta del médico, y yo, en ese momento, les creí.

Cuando bajé, estaba la calle llena de gente, entre otros, conseguí ver a mis padres adoptivos y Zak, (me hizo gracia cuando vi a mi madre adoptiva, que ya estaba montando su escena de madre coraje, con lágrimas y todo).

También llegó la policía y me preguntó: "¿todo bien?" a lo que respondí, -sí.

Entonces me monté en la ambulancia, y me dijeron te vamos a poner una mascarilla para que estés bien, tu solo respira aquí, respiré, y fui notando como la luz se iba alejando, y apagando, y cuando me desperté estaba amarrada de pies y manos en una planta del hospital en salud mental.

No recibí ninguna explicación, por parte de nadie, me sentí como un animal salvaje, al que amarran sin un motivo aparente. Y mi pesadilla volvió a empezar.

Yo ya había estado allí, por eso pude reconocer el lugar donde estaba, recuerdo que cuando me desperté y me vi así, grite pidiendo auxilio, pero se ve, que eso forma parte del día a día allí, así que no me hicieron caso.

Al principio me sentí tan enfadada por haberme quitado mi libertad, por haberme engañado para llevarme allí, y encima no recibir ningún tipo de explicación que, me puse a gritar maldiciendo a todos los que habían allí, auxiliares, celadores…

Incluso conseguir sacar una mano de los amarres, pero me amarraron con más fuerza, me empezaron a dar medicación, y poco a poco, fui perdiendo mi estado de conexión y seguridad y se fue reemplazando, poco a poco, por una autentica inseguridad y desconexión.

Así, que decidí dejar de pedir que me soltaran, porque incluso para hacer mis necesidades me daban una cuña.

Conté unos tres días amarrada de manos y pies, en aquella cama de salud mental, el tiempo supongo, que ellos consideraron que la medicación me iba a dejar completamente anulada y drogada.

Un día, vinieron a soltarme y a seguir la rutina que había allí y que yo ya conocía de la vez anterior.

Los primeros días, yo seguía teniendo aún los sentidos desarrollados, y sentía como que Dios o el universo estaban dentro de mí, y así se lo transmití a la psiquiatra quien anoto (oye voces), cuando yo jamás expresé eso.

Allí, me pasaron algunas cosas extraordinarias, como por ejemplo que, yo seguía siendo consciente de la hora sin tener reloj, o simplemente pensaba que quería que el papel seca manos bajara sin que yo tirara de él, y así sucedía, por lo que eso aumento momentáneamente mi conexión con el todo.

Cuando me dijeron que podía recibir visitas, normalmente era Zakaria quien venía, y yo me sentí agradecida con él, aunque tenía claro que no quería continuar con el matrimonio.

Estuve en el hospital tres semanas aproximadamente. Esta vez fue menos tiempo porque Zakaria y mis padres adoptivos hablaron con la psiquiatra, pero esta vez el diagnóstico no fue tan suave como el primero.

Me diagnosticaron esquizofrenia paranoide, y me dijeron que era una enfermedad crónica y que debía tener tratamiento de por vida.

El día que salí del hospital, vino mi padre adoptivo, y le dije -¿Adónde vamos? A lo que respondió, -a casa de tu marido, al que tú has elegido.

Yo me sentí devastada con este diagnóstico, y la nueva situación.

Me imaginaba que acabaría como mi tía Tenchi (hermana de mi madre biológica), creía que mi vida se había acabado, que iba a estar muerta en vida y paralelamente me deprimí mucho. Estaba con muchísima medicación, y me pasaba el día dormida, Zakaria se encargaba prácticamente de todo, y de cuidarme también, estuvimos unos meses más en Algeciras pero Zak ya no tenía trabajo, yo no cobraba nada tampoco, y debíamos varios meses de alquiler, así que él hablo con mis padres adoptivos para que nos dejaran quedarnos en su casa mientras el encontraba otro trabajo.

Volví a Jerez, y volví a vivir con mi familia adoptiva, con la que nunca llegué a tener buena relación, especialmente, con mi madre adoptiva, Zakaria me dijo que le "bailara el agua" y así yo evitaría problemas, pero yo soy una persona muy transparente y no me gusta la hipocresía, así que tuve varias discusiones con mi madre adoptiva.

Un día empecé a pensar que no quería seguir viviendo, que ya había sufrido bastante y que no quería más esa vida, y aprovechando que me había quedado sola, me tome un montón de pastillas.

Lo siguiente que recuerdo, es que estaba en el hospital y me dolía muchísimo la garganta y la nariz porque tenía un tubo metido, yo estaba en una sala y había otro paciente a mi lado y le pedí su móvil para hacer una llamada a Zakaria, lo llamé y vino donde yo estaba, y al poco salimos de allí, recuerdo que le dije a mi madre que me dolía mucho la nariz y garganta por los tubos que había tenido puestos, y me dijo "la próxima vez te lo piensas antes de tomarte todas esas pastillas". Total, me habían hecho un lavado de estómago y yo seguía viva.

A Zakaria le estaba metiendo mi madre mucha presión para que encontrase un trabajo, y eso que él no paraba de echar cv e incluso se puso a hacer cuadros de cartulinas con nombres y formas que vendía a 20€ para ir sacando para su tabaco y sus cosas, pero no encontraba nada.

Un día fuimos a Algeciras y Zak le contó a mi tío Paco la situación, él le dijo que nos ayudaría y le ofreció trabajo con mi primo Fran en la feria.

Nos fuimos a Marruecos a casa de sus padres, él iba y venía según las ferias, fueron un par de meses, porque en mayo lo llamo mi tío Paco y le ofreció hacer unas vacaciones en Triana (Sevilla) un par de meses, así que Zak me dijo que nos íbamos a Sevilla un par de meses que si yo estaba contenta, y yo le dije que no me gustaba Sevilla para vivir, pero él me dijo que era lo único que había.

Realmente lo que me pasaba, es que sabía que allí trabajaba un chaval con el que yo tuve una relación un año cuando yo tenía veinte años y no me quería encontrar con él y menos en esa situación de mi enfermedad.

Nos fuimos a Sevilla en Junio y compartimos un piso de mi tío con un chaval que trabajaba allí en Triana también, al mes mi tío le ofreció a Zak quedarse y él dijo que sí.

Comenzamos una nueva etapa en Sevilla, mi marido trabajaba muchas horas, y yo me sentía muy sola, y eso no me gustaba, me pasaba los días durmiendo y comiendo, y volví a subir de peso.

Al poco tiempo de estar allí, otro día de depresión, me volví a tomar una caja de pastillas, Zakaria me llevo al hospital, y habló con los psiquiatras para que no me dejasen allí, diciéndoles que había sido un error en la toma de la medicación.

Paralelamente a esto, volví a ver a mi madre biológica que vivía en Sevilla, ella se presentó varias veces en el trabajo de mi marido, pero yo no quería escucharla, pues yo le tenía cierto odio o resentimiento.

Finalmente, un día acepté escucharla, me contó que nos había dejado y se había ido a Madrid porque su padre la violaba, pero a mí no me pareció motivo suficiente para abandonar a sus hijas así que le dije que no quería tener relación con ella.

Poco a poco, me di cuenta de que yo realmente no estaba enamorada de mi marido, y que esa relación no iba a ninguna parte, pero era la única persona que tenía y por el momento debía seguir así.

6. EL DIVORCIO

Un año después, decidimos mover los papeles para pedir mi certificado de discapacidad, ya que según la psiquiatra esto me abriría más puertas al mercado laboral, en los centros especiales de empleo.

Mi marido, estuvo de acuerdo, con la cosa de que me dieran un grado alto, y pudiéramos pedir la pensión no contributiva, y así obtener un ingreso extra por mi parte.

Finalmente me dieron un 65% revisable, pero no me dieron la pensión por los ingresos de mi marido.

Ese año yo había decidido que debía mejorar mi situación anímica, había estado viendo videos de meditaciones y crecimiento personal, y quería salir adelante independientemente del diagnóstico que me había dado aquella doctora.

Me puse a buscar trabajo, mientras encontraba, mi tío Paco, me ofreció trabajar algunas horas como extra los fines de semana, y en eventos en su churrería de Triana, en el mismo sitio donde trabajaba mi marido, yo acepté ya que me sentía mucho mejor para trabajar.

Las peleas con Zakaria conforme yo iba volviendo a Ser yo misma, iban aumentando, yo había cogido bastante peso, y él me hacía muchas burlas de ello, y llegaba al maltrato psicológico. Por consejo de mi psiquiatra comencé a leer un libro de dietas, y me plantee perder peso, y poco a poco fui perdiendo peso.

Un día, tras descubrir en el ordenador de mi marido cierto contenido con otras chicas, decidí mudarme de habitación, por navidades, e incluso le pedí el divorcio, a lo que él me dijo, "te he estado cuidando estos años, ahora me lo vas a agradecer", finalmente nos reconciliamos, pero yo cada vez sentía más lejanía hacia él, lo llegué a ver como un familiar con el que convivía más que como una pareja, y la relación cada vez estaba más fría.

Al año siguiente en 2016, encontré trabajo como recepcionista de un gimnasio por las tardes a través de un centro especial de empleo, gracias a mi certificado de discapacidad.

Allí estuve un año completo, hasta que cerró el gimnasio. A lo largo de ese año, conocí amistades nuevas, y me sentí mucho mejor conmigo misma y realizada como persona, el trabajo me encantaba, y tenía un pequeño sueldo para mis gastos.

En este años que trabaje en el gimnasio me mudé como tres veces, y le pedí el divorcio pero él me decía que por favor esperásemos a que llegase su nacionalidad, que ya le quedaba poco tiempo, yo acepté pero me quería separar.

Finalmente siempre volvía con él, él me conocía muy bien y sabía que decirme exactamente para que yo volviera, y así una y otra vez.

El gimnasio cerró en Junio de 2017, para ese entonces yo ya había perdido bastante peso, casi había vuelto a mi peso, me ofrecieron otro puesto de trabajo pero Zak me dijo que no quería que yo trabajase, ya que él pensaba que ese era el motivo de que nuestro matrimonio fuera un fracaso.

 Le hice caso, y ese verano nos fuimos de vacaciones a Suecia, y a Marruecos, cuando volvimos, al mes, yo ya no quería seguir con esa farsa, y decidí informarme por mi cuenta para pedir el divorcio, así que pedí una abogada de oficio, y comencé los tramites, finalmente se lo dije y ya no había vuelta atrás, a través de mi abogada, lo hicimos de mutuo acuerdo. Mi abogada le pidió una pensión compensatoria de seis meses mientras yo encontraba trabajo, pero él se negó rotundamente y me amenazo con ir a juicio y pedir la custodia de mi mascota.

Cuando mis padres adoptivos se enteraron de mi decisión de divorcio, a través de Zak, (porque ellos sí tenían una buena relación y comunicación con él), se presentaron allí en Sevilla, para decirme, entre otras cosas, que yo era una desagradecida, ya que mi marido me había estado cuidando en los peores momentos de mi enfermedad. Yo me fui de la casa porque me negué a seguir escuchándolos y la poca relación que tenía con ellos, se rompió definitivamente.

Al final, yo me quede sin nada a excepción de la mascota que teníamos, y me fui a Jerez a vivir con mi amiga Marta un mes. En este mes que ya era Noviembre me llegó la sentencia del divorcio y yo estaba feliz de que por fin era libre, aunque materialmente no tuviera nada.

7. LA LLEGADA DE MI HIJA

En Diciembre de 2017 me fui a Algeciras para trabajar con mi primo Fran en las ferias y en navidad que montaba él allí.

Trabajando conocí al padre de mi hija, Dani, que estaba casado pero no me lo dijo, me entere casualmente en una conversación que estaban teniendo acerca de las bodas en el trabajo, entonces le pregunté y él me dijo que sí, pero que era solamente un papel…

Tuve una breve relación con él, en la que nos veíamos a escondidas en mi casa, y quedé embarazada.

Se lo dije, pero me dijo que abortara, y yo le dije que no, luego me dijo que el vendría una vez por semana a vernos, y yo le dije que eso no era normal, que si luego lo veíamos por la calle, que explicación le iba a dar yo a mi hija.

Me retiraron el tratamiento por el embarazo que por ese entonces yo solo tenía una inyección mensual. Y me controlaban más la psiquiatra dándome citas más cercanas.

Por otro lado, yo seguí trabajando en las ferias y veía muy poco interés en mi embarazo por parte de Dani, con el que apenas tenía comunicación, así que después de una feria, le dije que lo dejaba, (por teléfono), el me pidió vernos en persona pero me negué. Le dije que no se preocupara, que yo iba a tener a mi hija sola.

Mi embarazo fue bien, pero yo me sentía muy triste y con miedo a la vez de no saber qué iba a pasar y como iba a afrontar sola mi embarazo.

Mi exmarido se puso en contacto conmigo porque le llego una carta para la revisión de la discapacidad (que me la bajaron al 33% al ver mi mejoría).

Volví a tener relación de amistad con Zakaria, al final poco a poco volví con él, hasta el punto de volverme a Sevilla, en Junio a los seis meses de mi embarazo.

Él estaba dispuesto a hacerse cargo de la bebe, pero su familia, que ya se habían enterado que la bebe no era suya, no estaban de acuerdo, y en su cultura esto no se puede hacer.

El decidió que me quería tener escondida y busco un piso para que yo me fuera y el me pudiera visitar cuando no estuvieran sus padres en España, (que por aquel entonces venían cada tres meses por un tratamiento que estaba recibiendo la madre).

Pagó el primer mes de piso y fianza, y me mude a Camas. El embarazo se me adelantó unas tres semanas, y tuve a mi niña Yasmín, hablé con mi familia, y mis primos David y Joaqui y Fran y Carmen, me visitaron y me ayudaron a limpiar el piso de Camas, tambén decidieron pagarle a Zak el dinero que había puesto para el piso, y ayudarme a mí a pagar mi piso, hasta que yo pudiera, y por este entonces dejé la relación con Zakaria y esta vez definitivamente.

8. El inicio de una nueva vida

Al poco, de nacer mi hija, comencé a hablar con Carli, un amigo con el que yo había estado con veinte años, (que por aquel entonces él tenía pareja, pero al cual yo nunca llegue a olvidar del todo), y decidimos quedar para vernos ahora que ambos volvíamos a estar sin pareja.

Vino a visitarme y conoció a mi hija, como él tenía dos hijos, tenía buena mano con ella y me ayudaba bastante a dormirla, a darle de comer, etc.

Mi hija normalmente estaba todo el día llorando, y yo estaba desquiciada, no sabía que le pasaba y eso me tenía amargada, así que un día de enfado le escribí al padre de la niña y como no me respondía le escribí a su mujer para decirle que ya había nacido su hija.

Pero no obtuve mucha respuesta, a excepción de la hermana del padre de mi hija, que quiso venir a escondidas con el padre a ver a la niña, pero yo le dije que esta vez las cosas se harían bien o no se hacían, también me propusieron hacerle una prueba de paternidad, pero yo le dije que estaba de acuerdo, pero que todo por los juzgados y con papeles, entonces me dijeron que no.

Por otro lado, otro día de desesperación, escribí en Facebook una carta dedicada a mi madre adoptiva, donde expresaba como me había sentido yo estando en su casa y a partir de ahí mi padre adoptivo y mi hermano con el que mantenía una pequeña relación todavía, decidieron dejar nuestra relación por molestia con lo que yo había escrito. A los pocos días, borre dicha publicación, por consejo de una terapeuta.

Los días pasaban, Carli y yo comenzamos a vernos más a menudo, prácticamente comenzamos una relación, yo me sentía muy enamorada y feliz de estar con él.

Llegó navidad y mi primo Fran me propuso trabajar con él en su negocio, que iba a montar en Sevilla, le dije que sí, porque me sentía mal de que me estuvieran pagando el piso, por lo menos sacaría para pagar la casa y la niñera. Así que dicho y hecho comenzamos mi novio y yo a trabajar con mi primo ese mes de navidad. Mi novio se quedaba a dormir conmigo casi todos los días, e íbamos a trabajar juntos. La niña iba a la guardería y por las tardes se la quedaba una niñera, hasta que yo llegaba de trabajar.

Pasó el mes de navidad, y nos mudamos a Sevilla capital, mi novio empezó a trabajar en las ferias con mi primo, y yo en lo que me iba saliendo por las mañanas mientras la niña estaba en la guardería.

Poco a poco sentí la necesidad de tener contacto con mi madre biológica, así que decidí buscarla. (Yo ya la había perdonado). Ella se alegró mucho de conocer a su nieta, y tuvimos unos meses de relación, hablábamos por teléfono o yo iba a verla por donde ella vivía, hasta que, varias veces que habíamos quedado me decía que no podía venir y yo empecé a sentirme triste por ello, entonces decidí volver a alejarme para no sufrir.

En Abril de 2019, después de año y medio sin tratamiento y encontrarme mejor que nunca, mi psiquiatra me dio el alta y me quitó el diagóstico, y yo no podía sentirme más feliz y agradecida.

Los meses fueron pasando y a pesar de que yo estaba muy enamorada de mi pareja, comenzaron las peleas y en alguna ocasión llegué incluso a dejar la relación, aunque al poco tiempo volvíamos.

Después de la pandemia, por Octubre de 2020 decidí volverme a Algeciras, echaba de menos a mi familia, y la cercanía al Mar, además de que, mi relación no iba muy bien, por lo que decidí que siguiéramos juntos pero él en Sevilla y yo en Algeciras.

Busqué piso de alquiler, y encontré uno baratito por una zona cercana al centro. Mi pareja me ayudó con la mudanza, y se quedó con nosotras la primera noche.

Hice todo el traslado de escuela infantil, médicos, organismos estatales etc, y como en este entonces yo había creado un pequeño negocio online con Avon cosmetics, tenía el suficiente tiempo para todo.

En Diciembre de este año me volví a pelear con mi novio y lo dejamos, y al mes siguiente, el padre de mi hija me paró en la calle y me dijo que quería reconocer a la niña, yo acepté y fuimos al registro civil a hacer el trámite, en Febrero volví con mi novio, y en Abril se hizo efectivo el cambio de apellidos de mi hija, y me mude a un apartamento que ya había estado yo anteriormente alquilada.

Yo ya había pedido abogada de oficio, para los trámites del tema de custodia y régimen de visitas y pusimos en marcha la demanda.

En Agosto, empecé a trabajar en un nuevo empleo como comercial administrativa de servicios, y seguía también con mi negocio online de Avon, por lo que mis ingresos aumentaron notablemente y pude hacer muchas cosas que antes no hacía por falta de ingresos, me compré un coche de segunda mano, y a los pocos meses me compré uno nuevo.

Como todo lo que empieza acaba, en Enero de 2022 me despidieron del trabajo por falta de servicios en la provincia.

9. EL TERCER DIAGNOSTICO Y MI CAMBIO DE PERCEPCIÓN

Yo había tenido algunos problemas con mi pareja últimamente.

Poco a poco, y sin darme cuenta, empecé a tener paranoias, pensamientos alterados, distanciamiento de la realidad, hasta el punto de oír voces en mi mente, de personas que yo conocía, que mantenían conversaciones normales pero en mi cabeza…

Después de nueve años de estabilidad, la locura había vuelto a mí, estaba comenzando un nuevo brote psicótico.

Llamé a mis primos David y Joaqui, pidiendo ayuda, pero no por el brote en sí, (del cual yo no era consciente), sino porque yo me estaba creyendo mis paranoias.

Ellos, me llevaron al hospital y me ingresaron en la unidad de salud mental, allí me dieron tratamiento para un elefante, y estuve ingresada mes y medio, salí y a los pocos días abandoné el tratamiento porque era muy fuerte y no me permitía hacer una vida normal, e ingresé otra vez, pero esta vez fueron cinco días, me bajaron el tratamiento, y salí un poco mejor.

Salir de salud mental no es sinónimo de estar cien por cien bien, ya las voces se habían ido, ya era consciente de que la mayoría de las cosas que habían pasado por mi cabeza eran paranoias, pero ahora me quedaba lo más difícil, asumir que la enfermedad mental para la que me habían dado el alta, no estaba curada, sino dormida, lo que pasó es que en esos cuatro años que había estado sin tratamiento, no había llegado a estresarme tanto, como para detonar el brote psicótico.

Salí del hospital con un diagnóstico de trastorno esquizoafectivo, y todo lo que ello conlleva, (los años que estuve sin tratamiento había recuperado mi cuerpo, mi delgadez, pero los tratamientos para enfermedades mentales te hacen engordar).

Estuve como un mes viviendo en casa de mi tío Alfonso y mi tía Isabel Mari, mientras me recuperaba un poco.

Volví a ver a mi novio en Mayo en una feria de un pueblo cercano a la que fui con una amiga, pero ese día no quise hablar con él, a los pocos días me puse en contacto con él y quedamos para vernos en persona, volvimos a recuperar la relación, después del paréntesis de mi brote, y estábamos mejor que nunca.

Nos veíamos muy poco por su trabajo, y porque se tenía que repartir los días libres entre ver a sus hijos y venir a Algeciras.

Se me estaba acabando el paro, y no tenía suficiente para pagar piso y coche, tampoco me salía ningún empleo, así que decidí volverme a Sevilla, a la casa de mi novio, me salió un empleo allí, y finalmente nos mudamos en Junio.

Ese verano lo pasamos muy bien, los días que estábamos juntos, nos fuimos de vacaciones, íbamos casi todas las semanas a la piscina, pero, yo empecé a engordar por el tratamiento, eso me deprimía, además de saber que volvía a tener una enfermedad que yo consideraba curada, así que el psiquiatra me mando antidepresivos para cuando estuviera más baja de ánimo.

Pasé por tres trabajos en los meses que estuve en Sevilla, pero parecía no encajar en ninguno, y entre eso, que me sentía muy sola porque mi novio trabajaba fuera, además de que allí no contaba con familiares, y mis amigas trabajaban casi todo el día, me plantee volverme a Algeciras.

En Febrero de 2023 me mude nuevamente a Algeciras con la idea de buscar un nuevo empleo y estabilizarme allí.

No encontré trabajo, pero me apañaba con lo que cobraba.

Aprendí a valorar mí tiempo a solas, volví a leer muchos libros de desarrollo personal y espiritualidad, a ver videos de estos temas, a volver a enfocarme en mí, empecé a comprender muchas cosas.

En febrero de 2024 decidí poner fin a la relación que tenía con mi pareja, con todo el dolor de mi corazón, pero esta vez decidí ponerme a mi primera y no seguir en una relación tan dañina. (Esta relación había sido también una relación igual de tóxica que las anteriores, pero he preferido no dar detalles).

Empecé un master online sobre una profesión digital y comencé a centrarme en mí, hasta que después de mucho tiempo comprendí que la felicidad y la paz, nunca habían estado fuera, sino que era un estado interno al que se podía aprender a acceder.

PARTE DOS: EL DESPERTAR ESPIRITUAL

10. EMPEZAR A DUDAR

El tiempo que estuve, de pequeña, en el piso de acogida, fui una persona creyente en la religión Cristiana, creyente y practicante ya que la exmonja, me inculcó la fé Cristiana, y me hacía ir a misa y practicar todo tipo de oraciones, pero ya desde pequeña, yo sabía que había algo más que nosotros, pero aún no estaba segura de que o quien era...

Cuando me hice adolescente aunque seguía rezando una oración nocturna antes de dormir, fui alejándome poco a poco de la Iglesia porque no me encajaban las piezas, me hacía preguntas del tipo porque el Vaticano tenía tanto oro y a nosotros nos pedían ser humildes...

Ya con dieciocho años, cuando me independicé, empecé a dudar de todo, y a los veinte años apareció en mi vida el libro del Secreto de Ronda Byrne, donde hablaba de la ley de atracción.

Aquello me pareció fascinante el poder pensar que nosotros éramos seres tan poderosos como para poder crear nuestra vida a través de nuestros pensamientos y emociones.

Intenté poner en práctica, pero a mí no me funciono, y al poco fue cuando me dio el primer brote psicótico, y ya fue como dejar de creer en todo...

11. EL EGO DE POR MEDIO

Cuando salí del hospital estaba demasiado enfadada conmigo misma y con el mundo como para pensar en religiones o espiritualidad, mi ego estaba muy presente, ya que me sentía víctima y desconectada de mí Ser por no entender el porqué de mi enfermedad.

Años después, retome la lectura de Ronda byrne esta vez leí el poder y magia, también libros que hablaban de la ley de atracción y del poder que reside en nuestro interior pero me seguía pareciendo incompleto, algo no iba bien cuando yo lo ponía en práctica…

Los primeros años de matrimonio considero que retomé la fe Cristiana, porque mi ego me hacía ver que el poder no podía residir en mi sino fuera, que eso es lo que hacen realmente las religiones, hacerte creer que todo depende de un Dios, externo, fuera de nosotros mismos..

Algunos años después de mi segundo brote por el 2015, empecé a ver videos de meditación para intentar salir de mi depresión, y descubrí un nuevo mundo.

Aunque nada del otro mundo, porque siempre estaba mi ego ahí para recordarme que la divinidad estaba separada de mí.

Aunque la verdad es que, estos videos me ayudaron bastante a salir de mi estado de depresión, por esa época, descubrí a algunos "maestros espirituales" pero ninguno encajaba conmigo realmente.

12. MI BUSQUEDA ESPIRITUAL

Gracias a que tuve una vida difícil, carencias afectivas y falta de amor, siempre me he refugiado en pensar y creer que no estamos solos.

Yo siempre he sabido que hay algo más, que no estamos solos, hay quien lo llama energía, hay quien lo llama Dios, hay quien lo llama Universo, la cuestión es que no somos solo un cuerpo, somos un Alma dentro de un cuerpo.

A lo largo de mi vida he pasado por muchas y diferentes etapas de creencias pero llegó un momento, en el que comencé mi búsqueda espiritual.

Creo que fue más o menos cuando nació mi hija, o quizás un poco antes.

Recuerdo que estaba cansada de las religiones, sabía que debía haber algo más, así que comencé a buscar, y lo primero que apareció fue la ley de atracción nuevamente pero esta vez la autora no era Ronda Byrne, sino otro autor, me leí su primer libro "La voz de tu Alma" pero aquello no me llego a convencer, porque era como mucho trabajo y muy complicado todo, aunque aprendí bastante sobre otros maestros que han habitado la tierra como Jesus, Buda…

Por aquel entonces, también comencé a seguir a otros autores, y a quedarme con lo que resonaba conmigo de cada uno de ellos.

Un día mi amiga Gloria me dijo, oye ¿sigues a tal autor? Quizás te interese seguir a Mabel Katz, es autora de hooponopono, empecé a seguir a esta autora, y un mundo de posibilidades se abrió ante mí.

13. APRENDIENDO A DESAPRENDER

Tengo que admitir que cuando comienzas tu búsqueda espiritual, todas tus creencias se empiezan a destruir, es como volver a nacer, y tienes que aprender a desaprender todo lo aprendido, para dejar sitio a tus nuevas creencias.

Es muy difícil dejar atrás todo cuanto creíste cierto y abrir tu mente a un nuevo pensamiento, pero cuando sientes que ya no puedes más, empiezas a buscar caminos de paz y a cuestionarte todo porque sabes que no todo puede ser culpa de alguien o algo fuera de ti, llega un momento en la vida, en el que decides tomar la responsabilidad de lo que te ocurre, porque como bien dice Mabel "si tú lo creaste, tu puedes cambiarlo", y es que nosotros somos co-creadores de nuestra vida, lo creamos o no…

Darte cuenta de esto es bien duro, porque yo muchas veces me sentí víctima y pequeñita en la vida, y solía echar la culpa al destino, a la vida, o a quien fuera, con tal de no aceptar mi parte de responsabilidad (que no es culpa).

Lo primero que hay que aceptar y entender es que somos mucho más que un cuerpo físico, como dije antes somos un Alma dentro de un cuerpo, y hemos venido a vivir nuestra experiencia de vida, (ya elegida por nuestra Alma antes de nacer), para aprender, y para volver a conectarnos a la fuente o a Dios, pero no el Dios de las religiones, fuera de nosotros, sino el Dios que habita dentro de cada uno de nosotros…

Entender esto no es fácil, pues ya se han encargado las religiones durante miles de años, de hacernos creer, que Dios está separado de nosotros, que es un señor con barba, que te va a juzgar y castigar el día de tu muerte, cuando la realidad es completamente diferente.

Lo que pasa es que muchas personas aún viven en la "matrix" es decir, la vida que crees que estás viviendo, en modo automático, una realidad puesta ante ti, para tenerte bajo control.

Juegan con tus miedos, durante milenios es lo que han estado haciendo el poder y los gobiernos, jugar con el miedo de la población, y hacerte sentir víctima de tu propia vida.

Si podemos llegar a comprender que la vida es simplemente un juego, donde tu Alma viene a aprender ciertas cosas, no nos la tomaríamos tan en serio.

Pero hay que aprender a desaprender lo aprendido y todo lo que te han dicho y has escuchado a lo largo de tu vida…

PARTE TRES: EL CAMINO ESPIRITUAL

14. MUCHOS CAMINOS, UNA SOLA DIRECCION

Cuando comienzas tu camino espiritual de repente te aparecen miles de caminos que seguir; ley de atracción, el eneagrama, un curso de milagros…

Hay muchos libros para leer, muchos caminos que seguir, pero un solo final.

Yo me leí varios libros, otros los empecé, pero me parecían demasiado complicados, yo sabía que debía haber algo más fácil, más sencillo para empezar mi camino espiritual.

Tengo que decir que todos los libros que leí y todos los autores que seguí me han servido para aprender diferentes cosas, aunque no llegase a resonar del todo con ellos, lo que si estaba claro es que todos te llevan a una sola dirección, el camino de la paz interior, que es en realidad lo que buscamos todos, o por lo menos las personas que estamos en este camino.

Como dije en capítulos anteriores Mabel Katz llegó a mi vida a través de una amiga que me la recomendó, y descubrí el mundo del hooponopono, entonces mi vida y mi manera de verla cambió para siempre…

15. BUSCANDO EL CAMINO MÁS FÁCIL: HOOPONOPONO

Yo encontré el camino más fácil en hooponopono, a través de Mabel Katz.

Hooponopono es una técnica ancestral hawaiana para la resolución de problemas que consiste en tomar el 100% de responsabilidad de lo que te ocurre en la vida y repetir mentalmente unas frases o palabras, para borrar los problemas pidiendo ayuda a la parte tuya, que si puede resolverlos (Dios), ya que este borra las memorias y programas tuyos y de tus ancestros que hacen que estos problemas te ocurran.

Hooponopono es conocido mundialmente por las cuatro palabras: lo siento, te amo, gracias, perdóname, pero ha ido cambiando y simplificándose a lo largo de la historia.

Simplemente con repetir en tu cabeza las palabras gracias, te amo, ya estás dando permiso a Dios, para que solucione tus problemas, no tienes que sentir nada, no tienes que hacer nada más, es como cuando pulsas la tecla borrar del ordenador, automáticamente se borra lo que has escrito, pues hooponopono funciona igual, lo creas o no.

Hay muchas más frases que puedes usar con hooponopono, pero yo las que uso son las siguientes:

-Gracias, te amo

-Lo siento, perdóname por aquello que hay en mí que ha creado esto

-Suelto y confío

Estas tres frases son las que yo me repito en mi mente, todo el tiempo que me acuerdo y a mí personalmente me ayudan y me solucionan los problemas.

Con el tiempo comprendí porque a mí la ley de atracción no me funcionó, porque con el hooponopono, das permiso a Dios para que solucione tus problemas, y borre las memorias, pero tú no sabes cuál es la solución, ni te importa, tú lo dejas en manos de Dios y él se encarga, entonces tú no puedes resolver el problema con la parte tuya que lo creo(tu cerebro), tú debes resolverlo con la parte tuya que si sabe y puede (Dios), y no puedes mandarle una nota a Dios con lo que crees que es mejor para ti, porque Dios sabe perfectamente lo que es correcto y perfecto para ti, aunque no lo parezca.

"Todo es correcto y perfecto aunque no lo parezca", muchas veces pensamos que es injusto que nos echaran de ese trabajo, o que porque se tuvo que terminar tal relación... Lo que no sabemos, es que detrás de cada situación que consideramos una injusticia o que no entendemos hay una bendición, a veces oculta, a veces no la vemos pero está ahí, y con el tiempo entenderemos que lo que ocurrió fue exactamente lo que debía ocurrir para mi mayor bien.

Entender esto, es una tranquilidad, pues te deja salir de tu papel de víctima y de estar buscando culpables a tus problemas...

No hay nadie fuera haciéndote nada, deja de culpar, yo antes era así, una persona que buscaba culpables, que me sentía víctima, pero por fin a través del hooponopono comprendí que no hay nadie fuera, que lo de fuera es un reflejo de lo de dentro, y que si algo no me gusta fuera, es porque lo debo trabajar por dentro, con mis herramientas del hooponopono.

16. NUTRIRSE DE LO QUE RESUENE CONTIGO

Con este libro no intento convencerte de que practiques hooponopono, simplemente es mi manera de decirle al mundo, lo que a mí me ayudó, a pesar de la vida "tan difícil" que he tenido, pero está claro que cada uno "vuelve a su Ser" como puede y quiere y si es que quiere hacerlo.

Yo tenía la necesidad de compartir con el mundo lo que resuena conmigo, que es el hooponopono, pero para que el lector llegase a entender un poco de cómo he llegado hasta aquí, ha sido necesario contar mi vida.

Para mí el hooponopono ha pasado a formar parte de mí día a día y se ha vuelto tan necesario como el comer, por lo que yo lo practico todo el tiempo que me acuerdo, y dejo guiar mi vida por ello.

Tú puedes buscar y seguir el camino espiritual que más resuene contigo, lo importante en esta era es reconocer el Amor que ya eres, y despertar, y darse cuenta que la vida no es como nos la pintaron sino que somos mucho más poderosos de lo que nos podíamos imaginar.

En la actualidad, además de practicar el hooponopono, he empezado a estudiar "Un curso de Milagros", pues ya resuena conmigo, ya que llevo algún tiempo siguiendo a Jorge Pellicer y Él básicamente habla y basa sus enseñanzas en este libro.

El curso de Milagros es un sistema de estudio autodidacta de despertar espiritual que básicamente reprograma tu cerebro y creencias, enseñándote el camino hacia la paz interior y la curación a través del poder del Amor y el perdón, pero no de la forma en la que conocemos estas palabras, sino explicándote el verdadero significado de ellas.

17. CONECTANDO CON LA ESENCIA DIVINA

Durante miles de años las religiones nos han hecho creer que Dios era un Ser fuera de nosotros, para controlarnos.

Sin embargo, no hay verdad más grande que todos los maestros espirituales que han estado y están aquí nos han dicho que Dios está dentro de cada persona, es esa parte tuya que sabe y puede resolver los problemas, no es la voz que oyes en tu cabeza, no es tus pensamientos, no es tu intelecto, Dios es tu esencia, tu Ser, tu Alma…

Hay que despertar, para llegar a conectar con la fuente, con Dios, puedes hacerlo como quieras, a través del camino que más resuene contigo, lo importante es hacerlo para poder sentirse en paz, dejar de preocuparse, y vivir más tranquilo y feliz que es lo que todos queremos en realidad.

Asi que, sal de la "matrix" ya y conecta con esa parte tuya que tiene la solución a todos tus problemas, aprende a vivir sin tantas preocupaciones y encuentra el camino más fácil para ti.

*EPILOGO

¿Por qué el despertar espiritual de una loca, enferma del corazón?

Después de un tiempo pensando, investigando, y leyendo. He descubierto que las enfermedades son psicosomáticas, es decir, se crean en nuestra psique (mente) y van al cuerpo. Por lo que he deducido que para trascender la enfermedad, lo que debo hacer es recordar el Ser (sano) que YO SOY, pues como dice la lección 136 de "Un curso de milagros" ("La enfermedad es una defensa contra la verdad", nadie puede sanar a menos que comprenda cuál es el propósito que aparentemente tiene la enfermedad. Pues entonces comprende también que este propósito no tiene sentido. La enfermedad, al no tener causa ni ningún propósito válido, es imposible que exista. Una vez que se reconoce esto, la curación es automática. Pues este reconocimiento desvanece esta ilusión sin sentido valiéndose del mismo enfoque que lleva a todas las ilusiones ante la verdad, y simplemente las deja allí para que desaparezcan.)

Supongo que los médicos deben poner un nombre a cada "enfermedad".

También creo que realmente el problema no venía de la cabeza, sino del "corazón" que ha estado demasiados años "enfermo" por tener falta de amor, y carencias afectivas.

Cuando pensé en un título que me describiera bien, me vino a la mente ese, quizás porque escuché demasiadas veces eso de que estoy "loca", el despertar por mi despertar espiritual y enferma del corazón por lo que dije antes de que yo lo que tenía "enfermo" era el corazón…

Espero que hayas disfrutado de este libro y te haya ayudado a entender un poco el mundo de la espiritualidad y el crecimiento personal.

Si llegaste hasta aquí solo me queda darte las gracias de todo corazón.